Les Treize, Opera-comique En 3 Actes, Paroles De --- Et Paul Duport

Eugene Scribe, Nicolas-Paul Duport

Venu pour hériter ici du beau château
Qu'on voit là-bas sur le coteau.

ODOARD, *à Gennaio.*

Les voiturins de Naple, ici, dans cette auberge
Ne s'arrêtent-ils pas?

GENNAIO.

C'est moi qui les héberge.

ODOARD.

Bien! je veux pour ce soir un superbe souper;
Treize couverts!

GENNAIO.

On va s'en occuper.

ODOARD.

Et de plus il me faut, écoute,
Une chambre...

GENNAIO.

On va vous l'offrir.

ODOARD.

Qui donne sur la grande route.
(a part.)
C'est par là qu'elle doit venir.

CHŒUR DES CAUSEURS.

Ah! c'est affreux! c'est une horreur!
C'est à vous glacer de terreur.

GENNAIO, *allant à eux.*

Silence, amis! que l'on se taise!

ODOARD, *se retournant.*

Qu'est-ce donc?

GENNAIO.

Rien, rien, monseigneur;
Ils racontaient, et ça leur faisait peur,
Sur la société des Treize
Des histoires!...

ODOARD, *souriant.*

Les Treize! Eh bien! qu'en disait-on?

GENNAIO.

Vous ne le savez pas?

ODOARD, *riant.*

Qui, moi? non, mon garçon.

GENNAIO, *après avoir regardé autour de lui avec mystère.*

COUPLETS.

PREMIER COUPLET.

Il est dans Naples, la jolie,
Treize seigneurs beaux et galants,
Menant, dit-on, joyeuse vie,
Francs buveurs, tendres conquérants;
A l'amitié toujours fidèles,
Mais redoutables près des belles;
Et chacun dit en les voyant:
C'est un des Treize!
Soyez prudent;
C'est un des Treize!
Tremblez, amant,
Que votre belle ne leur plaise!
C'est un des Treize,
Tremblez, amant!

DEUXIÈME COUPLET.

Si vous voyez fille naïve
Plongée en un chagrin profond;
Si vous voyez, d'humeur pensive,
Un époux se frotter le front;
Entre amants s'il gronde un orage,
S'il survient du bruit en ménage,
Qui l'a causé? Tous vous diront:
C'est un des Treize!
Tremblez, jaloux!
C'est un des Treize!
Tremblez, époux,
Que votre femme ne leur plaise!
C'est un des Treize!
Tremblez, époux!

ODOARD, *riant.*

Moi, je crois vos frayeurs assez peu légitimes.

GENNAIO.

Ah! vous doutez encor?
(montrant Matéo.)
Tenez, tenez, voici
Une preuve vivante, une de leurs victimes,
Matéo, vigneron, qui, l'autre vendredi,
Devait se marier avec sa prétendue,
A Naple... et le matin...

ODOARD.

Eh bien donc?

GENNAIO.

Disparue!
Enlevée!

ODOARD.

Et par qui?

GENNAIO.

Par l'un de ces Treize!..

MATÉO, *pleurant.*

Ah!

ODOARD.

Eh quoi! vraiment?

MATÉO, *de même.*

Ah!

ODOARD.

Ta jeune femme?

MATÉO, *de même.*

Ah!

ODOARD.

Par un de ces Treize?

MATUO, *de même.*

Ah!

ODOARD.

J'y suis.. n'est-ce pas une
Petite blonde?..

MATÉO, *de même.*

Ah! ah!..

GENNAIO.

Non! non, c'est une brune!

ODOARD.

C'est différent.

MATÉO, *de même.*

Ah! ah!

GENNAIO.

Rien ne le consolera.

ODOARD, *lui donnant une bourse.*

Tiens, mon garçon...

MATÉO, *riant.*

Ah! ah!

ODOARD.

Ces dix ducats?..

MATÉO, *de même.*

Ah! ah!

GENNAIO.

Quoi! c'est de l'or?..

MATÉO, *de même.*

Ah! ah!

(Les voiturins témoignent leur admiration pour la générosité d'Odoard.)

ENSEMBLE GÉNÉRAL.

Enfin ma/sa douleur cesse;
Pour moi/lui plus de tristesse,
D'une telle largesse
Me/Le voilà confondu!
Le bonheur m'/l' accompagne
Si je perds ma / Et s'il perd sa compagne
En un seul jour je/il gagne
Plus que je n'ai / Plus qu'il n'avait perdu.

TOUS, *excepté Odoard.*

Vive, vive, mes amis,
Vive, monseigneur le Marquis!

ODOARD, *distribuant de l'argent.*

Tenez, tenez, mes chers amis!

REPRISE DE L'ENSEMBLE.

Vive, vive, mes amis,
Vive monseigneur le Marquis!

(Matéo et tous les voiturins sortent enchantés.)

SCÈNE III.

ODOARD, GENNAIO.

ODOARD, *à part.*

Eh bien! qu'on nous accuse encore... Voilà un pauvre diable qui se trouvera en bénéfice du côté de sa bourse... et de sa femme donc!...

GENNAIO, *s'avançant.*

C'est bien de l'honneur pour mon père qui est absent, et pour moi qui le représente de recevoir chez nous M. le marquis, et je ne comprends pas ce qui a pu procurer un tel honneur à notre hôtellerie!

ODOARD.

Ne sais-tu pas que notre roi se marie? et qu'aujourd'hui ou demain l'on attend la princesse qu'il épouse?

GENNAIO.

Certainement!

ODOARD.

Eh bien! mon garçon, c'est moi qui commande l'escorte d'honneur chargée de conduire à Naples la nouvelle reine... J'attends qu'elle arrive!

GENNAIO.

Ce n'est pas par ici qu'elle doit passer... la grande route est à plus d'une lieue.

ODOARD.

Je le sais bien... et l'escorte est là!... Mais moi j'aime mieux attendre ici... j'ai mes raisons.

GENNAIO.

C'est différent!

ODOARD, *riant.*

Et si cela ne te gêne pas?...

GENNAIO.

Au contraire, monseigneur! car j'aurais justement une grâce à vous demander!...

ODOARD.

Toi? Parle, mon garçon! de quoi s'agit-il?... Conte-moi ça pendant qu'on va me préparer une tasse de chocolat que j'irai prendre sur la terrasse... (*à part, pendant que Gennaio va donner un ordre à la cantonade.*) parce que de là je pourrai inspecter les carioles ou voiturins qui se rendent à Tarente. (*haut.*) Allons! parle!

GENNAIO, *revenant.*

Voilà, monseigneur! Luigi, votre cocher, vient de me dire que le colonel des lanciers était de vos amis!...

ODOARD.

Le comte Hector!...Oui, sans doute... il est de la société des Treize, dont tu parlais tout à l'heure!

GENNAIO.

Est-il bien possible?... Parmi ces mauvais sujets-là il y a des colonels de lanciers?...

ODOARD.

Il y a de tout... pourvu qu'on soit aimable et joli garçon... Il y aura bientôt une place vacante, un déserteur, un faux-frère, qui va se marier... Est-ce que tu veux le remplacer, et te faire recevoir dans les Treize?...

GENNAIO.

Non, monsieur... mais dans les lanciers... C'est une belle arme... Je suis allé l'autre jour m'y faire engager; mais il paraît que, pour se faire tuer dans ce corps-là, il faut des protections...

ODOARD.

Ah! çà, mais pourquoi diable veux-tu te faire tuer? Est-ce la pauvreté?...

GENNAIO.

Au contraire! je ne suis que trop riche... voilà mon malheur... parce que mon père, le maître de cette auberge, qui n'a que moi d'héritier, a des idées d'ambition... Il veut que la jeune fille que j'épouserai ait une dot... et justement celle que j'aime n'en a pas!

ODOARD.

De dot?

GENNAIO.

Bien entendu! C'est la seule chose qui lui manque... et c'est tout simple... une orpheline qui n'a jamais connu de parents... mais, du reste, la plus jolie fille...

ODOARD, *à part.*

Diable! c'est bon à connaître!... (*haut.*) Et qui est-elle?

GENNAIO.

Une couturière.

ODOARD.

Cela n'empêche pas!... au contraire... nous

aimons et nous protégeons beaucoup les couturières... Sa demeure ?...

GENNAIO.

Rue Tolède.

ODOARD, *étonné.*

Hein !... et son nom?...

GENNAIO.

Joli comme elle... Isella !...

ODOARD, *à part.*

Dieu ! la même !... la grisette que nous poursuivons !

GENNAIO.

Monseigneur la connait?

ODOARD.

Du tout !... mais j'ai entendu dire que le comte Hector dont tu parlais avait des vues sur elle.

GENNAIO.

Mon colonel?

ODOARD.

Qu'il avait même fait à ce sujet un pari avec l'un de ses amis, un de ses confrères qui la lui disputait... un joli cavalier...

GENNAIO.

Eh bien! tous deux perdront leur temps... je ne les crains pas... car c'est celle-là qui est sage et honnête... la vertu même...

ODOARD, *à part.*

C'est ce qu'il faudra voir !...

GENNAIO.

Et si vous l'entendiez parler?... un esprit... une éducation !..

ODOARD.

Vraiment ! elle en a?

GENNAIO.

Les dimanches et fêtes... parce qu'elle les passe à lire des romans... ce qui lui a donné des sentiments et des principes... Enfin, croiriez-vous que, quand je lui ai avoué, l'autre jour, que mon père s'opposait à notre mariage... elle a eu tout de suite une attaque de nerfs?... Hein !... c'est affectueux... et elle m'a mis à lá porte, en me défendant de revenir chez elle. Aussi, mon parti est pris... et quoique votre ami le colonel ne me plaise plus guère... si vous pouvez me faire entrer dans les lanciers... ou dans un autre régiment !...

ODOARD, *vivement.*

Oui, dans un autre... plus estimable... et surtout plus nombreux... Je m'occuperai de ça... je vais y rêver sur la terrasse en prenant mon chocolat...

GENNAIO.

Bien reconnaissant de ce que vous voulez faire pour moi...

ODOARD.

Laisse donc ! tu ne te doutes pas du plaisir que j'y trouverai...

(Il sort.)

SCÈNE IV.

GENNAIO, *seul.*

A la bonne heure ! un coup de tête, un engagement. Je le dirai à mon père, pas plus tard que demain, quand il reviendra de Pouzzoles où il est allé aux provisions. Et peut-être que ça lui fera peur. Ah ! il lui faut des belles-filles de mille piastres ! il a la tyrannie de vouloir que je sois riche, que je sois à mon aise... Eh ben ! non ! je serai soldat ! je coucherai sur la dure, à la belle étoile ; je mangerai du pain noir ! ça sera sa punition !... et peut-être ben qu'il reculera là-devant... Je l'espère du moins; et quoique Isella n'ait pas les mille piastres qu'il demande, il aimera mieux me voir marié que soldat... et moi aussi ! (*écoutant.*) Encore une voiture, un carrossin ! quelque artiste ! ils voyagent tous ainsi. (*regardant à la cantonade.*) Voilà le cocher qui descend !

SCÈNE V.

GENNAIO, *puis* HECTOR.

(*On entend chanter dans la coulisse sur la ritournelle de l'air suivant :* Tra, la, la !)

GENNAIO.

Que vois-je !... Eh oui ! le comte Hector, mon futur colonel, déguisé en voiturin... Qu'est-ce que cela veut dire ?...

AIR.

HECTOR, *entrant un fouet à la main.*

Le beau métier, le beau destin
Que le métier de voiturin !
Je suis Piétro le voiturin;
Je pars demain, de grand matin,
Pour Bologne ou Florence,
Pour Turin, pour la France.
Mes chevaux sont fringants, bien dressés, bien nourris;
Messieurs, dans quinze jours je vous mène à Paris.
Venez à moi, jeune fillette;
De moi vous serez satisfaite.
Etes-vous près d'un jeune amant;
Bien doucement, et sur la terre,
Je roule, roule mollement.
Jamais une fâcheuse ornière
Ne dérange le sentiment.
Le beau métier, le beau destin
Que le métier de voiturin !
Mais êtes-vous avec votre maman
Près d'un timide et tendre soupirant,
Mon fier coursier qui trotte, trotte, trotte,
Sur le pavé rudement vous cahote,
Et rapproche le sentiment.
Volez, volez, ma rapide calèche;
Clic ! clac ! clic ! clac ! pour vous favoriser
Mon fouet bruyant souvent empêche
D'entendre le bruit d'un baiser.
Le beau métier, le beau destin

Que le métier de voiturin!
(*Se retournant vers Gennaio qui le regarde toujours.*)
Allons! garçon, à boire au voiturin!
Allons! allons! à boire au voiturin!

GENNAIO, *sortant en le regardant.*

On y va, monsieur!...

HECTOR, *seul, continuant l'air.*

Vrai dieu! son erreur est complète,
Et ce joyeux déguisement
Livre ma nouvelle conquête
Au piège amoureux qui l'attend.

CANTABILE.

Que ma jeune conquête est fraîche et séduisante!
Quelle douce candeur, quelle grâce charmante!
Son cœur naïf encor s'ouvre à peine au désir.
Rose des champs! heureux qui pourra te cueillir!

GENNAIO *rentre, tenant une bouteille et un verre.*

Voilà, monsieur, d'excellent vin.

HECTOR, *apercevant Gennaio, reprend le ton et les manières d'un voiturin.*

L'excellent vin! mon cher ami,
(*buvant.*)
Oui, c'est du lacryma-christi!
Par saint Janvier, l'excellent vin!
Il est parfait! il est divin!
A Livourne, à Florence,
A Milan, même en France
Il n'a pas son pareil; il est vraiment exquis!
Non vraiment, non vraiment, non pas même à Paris!
Le beau métier, le beau destin
Que le métier de voiturin!

GENNAIO, *le regardant pendant qu'il boit.*

Il est amusant. Comme membre de la société des Treize, c'est quelque nouveau tour qu'il aura joué avec ce déguisement-là... quelque jeune fille qu'il enlève de bonne volonté... celle qu'il a amenée dans son carrosse... c'est cela même! C'est drôle... (*regardant du côté par lequel Hector est entré.*) Ah! mon Dieu! Isella! ma bonne amie! Quelle horreur!

HECTOR.

Ah! çà, l'ami, une chambre tout de suite, et la plus belle... Tu y feras porter un dîner pour deux!...

GENNAIO.

Pour deux!... (*à part.*) Est-ce qu'ils seraient déjà d'intelligence?...

HECTOR.

Un bon voiturin ne doit jamais quitter ses pratiques... aussi, nous dînons ensemble, c'est mon usage... Il nous faut du Malvoisie, et du meilleur... Je ne regarderai pas au prix, pourvu que la bourgeoise soit contente.

GENNAIO, *à part.*

C'est ça! pour voir si elle a le vin tendre!...

HECTOR.

Justement la voilà... Allons, en avant! dégourdis-toi!

GENNAIO.

J'y vais, j'y vais... (*à part.*) mais je ne les perds pas de vue...

SCÈNE VI.

LES MÊMES, ISELLA.

ISELLA, *entrant avec une fille d'auberge qui porte ses cartons.*

Doucement! prenez donc garde... Cahoter ainsi des échantillons de tulle et de gaze!... Vous ne savez donc pas que c'est notre réputation... ça se chiffonne d'un rien!

HECTOR, *montrant la chambre à la servante.*

Par là! par là! mam'selle. (*à Isella.*) Dam'! c'est votre faute, la bourgeoise... Vous avez voulu vous arrêter dans cette auberge au lieu de pousser encore six lieues, jusqu'à la première couchée!...

ISELLA.

Eh bien! voiturin, en faisant prix avec vous, en consentant à prendre votre carrosse, qui n'est autre qu'une véritable patache, est-ce que je n'ai pas mis pour condition que je m'arrêterais où je voudrais?... (*à part, regardant autour d'elle.*) C'est drôle! je ne vois pas Gennaio, et il me semble pourtant bien que c'est ici l'auberge de son père... (*haut, à Hector qui s'approche.*) Est-ce que je ne puis pas avoir des comptes à régler ici?... Sachez, voiturin, qu'une couturière qui a de la délicatesse ne s'expatrie pas sans mettre ordre auparavant à toutes ses affaires... (*à part.*) même celles de cœur!

GENNAIO, *ouvrant la porte du cabinet.*

J'entendrai mieux comme ça!

ISELLA.

Au surplus, mon cher!...

GENNAIO, *à part.*

Son cher!

ISELLA.

Vous vous rappelez ce qui s'est passé entre nous?

GENNAIO, *à part.*

O ciel!

ISELLA.

Si je vous ai donné la préférence sur les autres, vos concurrents, c'est parce que vous m'avez juré d'être toujours complaisant avec moi et d'obéir à mes moindres fantaisies...

GENNAIO, *à part.*

C'est ça! elle a fait ses conditions!

ISELLA.

Aussi, vous n'avez pas eu à vous plaindre de moi, je l'espère... J'ai consenti à toutes vos demandes...

GENNAIO, *à part, en refermant la porte.*

Perfide Isella!

ISELLA, *très émue.*

Ah! mon Dieu!

HECTOR.

Quoi donc?

ISELLA.

Rien! rien... (*à part.*) J'ai cru entendre mon nom!

HECTOR.

Qu'est-ce que vous avez?...

ISELLA.

Une palpitation.

HECTOR.

Vous y êtes sujette?

ISELLA.

Quelquefois.

HECTOR, *à part.*

C'est bon à savoir!

ISELLA, *à part.*

C'est étonnant! j'aurais parié que c'était sa voix, qu'il m'appelait... C'est vrai! quand on a quelqu'un dans l'idée...

HECTOR.

Ne faut pas rester là, mam'selle... Voulez-vous que je vous conduise dans votre chambre?

ISELLA.

Oui... oui... volontiers!

HECTOR.

Allons! donnez-moi le bras... appuyez-vous ferme! Pauvre petite mère! c'est qu'elle est toute tremblante...

(*Il entre avec elle en la soutenant par la taille.*)

SCÈNE VII.

GENNAIO, *ensuite* ODOARD.

GENNAIO, *sortant du cabinet.*

Ensemble!... dans la même chambre!...Quelle horreur! il n'y a plus moyen d'en douter.

ODOARD, *à part, en entrant.*

Il vient d'entrer un voiturier dans la cour; il me dira s'il a rencontré la petite.

GENNAIO.

Ah! monsieur le marquis!...

ODOARD.

Quoi donc?

GENNAIO.

Celle dont je vous parlais tantôt... Isella... elle est ici!

ODOARD.

Ici!... (*à part.*) Quel bonheur! me voilà certain d'avoir l'avance sur Hector!...

GENNAIO.

Et c'est maintenant que j'ai recours à vous... Votre ami... le colonel...

ODOARD.

Ah! oui... cet engagement... nous verrons!

GENNAIO.

Du tout!... je n'en veux plus!... j'aimerais mieux ne me faire tuer de ma vie que de lui en avoir l'obligation... un séducteur qui s'est emparé de celle que j'aime!..

ODOARD.

Hein!... plaît-il?...

GENNAIO.

Oui, monseigneur... je l'ai bien reconnu, quoiqu'il soit déguisé en voiturin.

ODOARD.

En voiturin?... quelle ruse infernale!... (*à part.*) Ah! si j'y avais pensé!...

GENNAIO.

Et il l'enlève!

ODOARD.

De force?

GENNAIO.

Plût au ciel! ça serait une consolation... mais le pire, c'est qu'ils sont d'accord.

ODOARD.

Déjà!... Comment! cette vertu si sévère qui t'avait mis à la porte?...

GENNAIO.

C'est peut-être pour ça... elle aura épuisé avec moi toute sa résistance.

ODOARD.

C'est indigne! c'est affreux!... Où sont-ils?

GENNAIO.

Là... dans cette chambre... seuls... en tête-à-tête!

ODOARD.

En tête-à-tête!... quelle horreur!... Il faut les séparer tout de suite, et à tout prix!

GENNAIO.

A-t-il bon cœur!

ODOARD, *vivement.*

Oh! si je pouvais me débarrasser... (*se reprenant.*) te débarrasser d'Hector... l'éloigner seulement dix minutes d'Isella!...

GENNAIO.

Et pourquoi?

ODOARD.

Pour la prévenir des dangers qui l'environnent, la ramener à la vertu.

GENNAIO.

En dix minutes!... Et quand l'autre reviendrait, elle serait sauvée?

ODOARD.

Oui, sauvée!... (*à part.*) avec moi.

GENNAIO.

Dieu! l'honnête homme! le brave seigneur!... Si je peux vous aider!...

ODOARD.

Tais-toi; le voilà qui sort. Laisse-nous, et songe à ce que je t'ai dit.

GENNAIO.

J'en viendrai à bout, et tenez-moi pour une bête si je ne trouve pas quelque moyen de vous procurer un tête-à-tête avec ma maîtresse.

ODOARD.

Bien! c'est ce qu'il faut.

(*Gennaio sort.*)

SCÈNE VIII.

HECTOR, ODOARD.

HECTOR, *à la cantonade.*

C'est bon, c'est bon, mam'selle, on y va. (*à part.*) Que diable peut-elle vouloir au fils de l'aubergiste?... peut-être un ancien compte...

ODOARD.

Me trompé-je?... Hector!...

HECTOR, *à part.*

Odoard!... au diable!... (*haut.*) Enchanté!...

ODOARD.

Comment êtes-vous ici, mon cher?

HECTOR.

Et vous qui parlez, qui vous y amène? N'êtes-vous pas de l'escorte qui attend la jeune reine?

ODOARD.

Ah! vous le savez?

HECTOR, *s'inclinant.*

Je n'ai pas été étranger à un choix aussi honorable!

ODOARD, *avec dépit.*

Qui me fera rester loin de Naples deux jours, et peut-être plus.

HECTOR, *souriant.*

J'avais probablement mes raisons... et dans votre intérêt je vous engage à ne pas rester ici... La reine peut arriver d'un instant à l'autre...

ODOARD.

Vous êtes trop bon! mais rassurez-vous, je serai prévenu.

HECTOR.

Et comment?

ODOARD.

Deux ou trois piqueurs échelonnés sur la route... et le dernier, qui est à quelques cents pas d'ici, m'avertira sur son cor de chasse... vous savez? cette fanfare brillante...

HECTOR.

Que l'autre jour nous exécutions ensemble?

ODOARD.

Vous surtout! avec tant de succès!...

HECTOR.

Vous me faites rougir!

ODOARD.

Pourquoi donc?... vous avez tous les talents distingués... celui de piqueur... celui de cocher... et ce costume de voiturin...

HECTOR.

Un habit d'étude... pour m'exercer à conduire... c'est grand genre...

ODOARD.

Allons donc!

HECTOR.

Genre anglais!

ODOARD.

Allons donc! vous dis-je; je sais tout.

HECTOR.

Vrai?... Eh bien! alors, j'y mettrai de la confiance... Une idée admirable... diabolique... une idée digne de vous.. Hier, après notre séance, je m'en retournais à mon hôtel, rêvant à notre pari et à cette jeune beauté que vous me disputiez, lorsqu'en traversant la Chiaia j'aperçois sur la place notre jolie couturière entourée de muletiers, de voiturins qui se la disputaient. J'approche, et je l'entends conclure son marché avec l'un d'eux pour aller jusqu'à Tarente...

ODOARD.

Je le savais!

HECTOR.

Où elle doit se rendre...

ODOARD.

En passant par ici... Voilà pourquoi je l'attendais.

HECTOR.

J'ai fait mieux!

ODOARD.

Vous êtes parti avec elle?

HECTOR.

Justement!... J'accoste le voiturin, et sans marchander, costume, voiture, équipage, je lui achète tout en bloc, y compris la voyageuse, et ce matin je me présente en son lieu et place à ma nouvelle acquisition.

ODOARD.

Et elle vous a pris pour lui?

HECTOR.

A peine si elle l'avait regardé... et je me suis annoncé si naturellement comme celui avec qui elle avait traité la veille, que, grâce à cet aplomb, à cette candeur d'effronterie qui nous est prescrite par l'article trois de notre règlement...

ODOARD.

Que vous possédez à merveille!

HECTOR.

Et vous donc!... je l'ai entendue dire à ses compagnes en leur faisant ses adieux : C'est singulier! il ne m'avait pas semblé si bien hier...

ODOARD.

Elle a dit cela?

HECTOR.

C'était de bon augure, et la suite a répondu à cette heureuse entrée en campagne.

ODOARD.

Quoi! vous vous êtes déclaré?

HECTOR.

Je m'en serais bien gardé... quand j'ai vu les avantages de ma position... On ne se défie pas d'un voiturin... c'est sans conséquence... on est là, près de lui... on cause... un cahot rapproche les distances... et, grâce au ciel et au gouvernement, les routes sont si mauvaises!... Et quand il faut descendre de voiture, il n'y a pas de marche-pied... c'est gênant... je suis obligé de la recevoir, de l'enlever dans mes bras... Et quand elle remonte en voiture... c'est bien mieux encore... une jambe charmante...

ODOARD, *avec humeur.*

C'est trop fort! et je ne la laisserai pas exposée plus longtemps à un pareil danger... Je la sauverai!

HECTOR.

Comment cela?

ODOARD.

En lui disant qui vous êtes... en la prévenant des piéges que vous lui tendez !!

HECTOR.

Avisez-vous-en! et de mon côté je l'avertis de se défier de vous!

ODOARD.

Je dénoncerai vos projets!

HECTOR.

Moi les vôtres!

ODOARD.

Elle sera perdue pour vous!

HECTOR.

Et vous ne l'aurez pas gagnée!

ODOARD.

Au fait, ça ne servirait qu'à nous annuler l'un par l'autre; et c'est d'autant plus honteux que j'avais invité pour ce soir tous nos compagnons... vous le premier... la lettre doit être à votre hôtel.

HECTOR.

Vraiment!

ODOARD.

Eh! oui... me croyant sûr du succès, j'ai commandé ici un souper de treize couverts, afin que nos amis fussent témoins de mon triomphe.

HECTOR.

Ils le seront du mien.

ODOARD.

Non pas!

HECTOR.

C'est ce que nous verrons!

ODOARD.

Plutôt y renoncer tous deux!

HECTOR.

Eh bien! eh bien! ne nous fâchons pas! mettons dans nos trahisons toute la loyauté possible, et faisons de franc-jeu une convention...

ODOARD.

Laquelle?

HECTOR.

Quelque stratagème, quelque mensonge que puisse inventer l'un de nous deux, l'autre ne le démentira pas... quitte à enchérir en rispostant par quelque chose de plus fort.

ODOARD.

Soit!... une assurance mutuelle!...

HECTOR.

Pour tromper avec publicité et concurrence. Et pour commencer, vous ne direz pas qui je suis.

ODOARD.

Je le jure sur l'honneur!

HECTOR.

J'ai l'avantage, et je le garde!

ODOARD.

Jusqu'à ce que je vous l'enlève.

HECTOR.

Ce qui vous sera difficile, car je ne quitte pas la petite d'un instant.

SCÈNE IX.

LES MÊMES, GENNAIO *et* UN GREFFIER.

GENNAIO, *à Hector.*

Eh vite! eh vite! monsieur, dépêchez-vous; on vous prie de vouloir bien passer...

HECTOR.

Où donc?

GENNAIO.

Chez le barigel, la première autorité du village... Voilà son greffier qui vient vous chercher.

HECTOR.

Je n'ai pas affaire à lui!...

GENNAIO.

Oui... mais il a affaire à vous!... On vous a dénoncé comme un faux voiturin... un muletier de contrebande... (*bas à Odoard.*) C'est moi qui l'ai dénoncé.

ODOARD, *bas à Gennaio.*

Bravo!... à merveille!...

HECTOR.

Que peut-on trouver à redire? Est-ce que je n'ai pas une voiture solide et en bon état?...

GENNAIO.

Une voiture!... Si vous croyez que ça suffit pour être voiturin... du tout!... c'est ce qu'il y a de moins nécessaire... La première chose c'est d'avoir une patente!

HECTOR, *à part.*

Ah! diable!

ODOARD, *gravement.*

Écoutez donc, mon cher, si vous n'avez pas de patente... c'est très mal!...

GENNAIO, *bas à Hector.*

Le barigel, qui est têtu comme une mule, vient de faire saisir les vôtres, que l'on a conduites au greffe!...

HECTOR.

Mes mules au greffe!...

ODOARD.

Ne craignez rien pour elles... il paraît qu'elles seront en bonne compagnie!...

GENNAIO.

Et on pourrait vous arrêter.

HECTOR.

M'arrêter!.. Et mes pratiques qui resteraient ici!...

ODOARD.

Ne vous en inquiétez pas, je les conduirai dans ma voiture...

HECTOR, *vivement.*

Non pas! non pas!... Je cours parler à ce barigel... (*à part.*) Et comme il ne serait pas prudent de laisser ici trop longtemps l'ennemi en mon absence... je vais chercher quelque moyen pour le faire remonter à cheval, et l'éloigner au plus vite... (*haut au greffier.*) Allons, monsieur, allons chez le barigel...

(*Il sort vivement le premier.*)

SCÈNE X.

GENNAIO, ODOARD, LE GREFFIER.

GENNAIO, *se frottant les mains, à Odoard.*

Je vous avais bien dit que je l'éloignerais... Quand je me mêle d'une chose!...

ODOARD.

Cela ne suffit pas!... (*au greffier qui s'apprête à suivre Hector.*) Un instant, monsieur!... cet homme m'est suspect... Dites au barigel de le retenir; c'est moi qui l'y engage, moi, le feld-maréchal Odoard, commandant l'escorte d'honneur de la reine!...

LE GREFFIER.

Cela suffit!... on l'arrêtera!..

ODOARD.

D'abord!... et avant tout!

LE GREFFIER.

Et s'il n'y avait rien sur son compte?

ODOARD.

On a le temps de le savoir après!

LE GREFFIER.

C'est juste!..

(*Il sort.*)

SCÈNE XI.

ODOARD, GENNAIO, *puis* ISELLA.

ODOARD, *à Gennaio.*

Eh bien! qu'en dis-tu?

GENNAIO.

Vous êtes mon sauveur!...

ODOARD.

Maintenant, à Isella!...

GENNAIO.

Oui... entrez dans sa chambre... dites-lui la vérité... elle vous croira plutôt que moi!...

ISELLA, *sortant de sa chambre.*

Et ce voiturin qui ne m'envoie pas Gennaio!... (*Elle l'aperçoit.*) Ah! c'est lui!...

FINAL.

ENSEMBLE.

ISELLA.

Trouble extrême!
Il est là,
Lui que j'aime!
Et déjà,
A sa vue
Attendue,
De frayeur
Bat mon cœur!

GENNAIO.

Trouble extrême!
La voilà!
Moi qui l'aime,
Je sens là,
A sa vue
Imprévue,
La frayeur
Dans mon cœur!

ODOARD.

Joie extrême!
Isella,
Oui, je t'aime!
Je sens là,
A ta vue
Attendue,
Le bonheur
D'un vainqueur!

ISELLA, *à part.*

Quoi! je suis en sa présence
Sans qu'il cherche à me parler!

ODOARD, *bas à Gennaio.*

Va-t-en donc! ta violence
Ne ferait que nous troubler.

GENNAIO, *bas à Odoard.*

En vous seul j'ai confiance,
Hâtez-vous de lui parler!

ISELLA, *à demi-voix.*

St! st! st!

GENNAIO.

Je crois qu'elle m'appelle!..

(*Il fait un pas vers elle.*)

ODOARD, *le retenant.*

Du tout! du tout!..

GENNAIO.

Si fait!

ODOARD.

Non! non!

ISELLA, *à part, d'un ton très sentimental.*

Il ne vient pas, quand c'est moi qui l'appelle!

(*Par une transition brusque, et du ton dont on appelle un garçon en retard.*)

Holà! garçon!

GENNAIO, *courant vivement.*

Mademoiselle!

ISELLA.

Arrivez donc!

PLUSIEURS VOIX, *hors du théâtre, à grands cris.*

Eh! Gennaio!...

ODOARD, *bas à Gennaio.*

Tiens, là-bas on t'appelle!

GENNAIO.

Du tout! du tout!

ODOARD.

Si fait!

GENNAIO.

Non!

ODOARD.

Si!

GENNAIO.

Non! non!

ODOARD, *bas.*

Laisse-moi seul sermonner l'infidèle.

ISELLA, *très impatientée.*

Eh bien! garçon.

GENNAIO.

Mademoiselle!

ENSEMBLE.

ISELLA.

Arrivez donc?

GENNAIO.

Pardon! pardon!

ODOARD.

Va donc! va donc!

ISELLA, *avec dépit à Gennaio qui est arrivé près d'elle.*

Pour vous parler la peine est assez grande!

ODOARD, *se plaçant entre eux deux.*

C'est qu'en bas on le demande!

ISELLA.

Eh bien! qu'en bas on attende!

GENNAIO, *à qui Odoard fait des signes pour qu'il s'en aille.*

Non, avant tout le devoir;
Mais monsieur pourra vous dire...,
Il va vous faire savoir...
Car lui, la vertu l'inspire.

VOIX DU DEHORS, *plus fortes que la première.*

Gennaio! Gennaio!

GENNAIO.

L'on y va! l'on y va!

ENSEMBLE.

GENNAIO.

Trouble extrême!
Fuyons-la! etc., etc.

ISELLA.

Trouble extrême!
Il s'en va! etc., etc.

ODOARD.

Joie extrême!
Isella, etc., etc.

(*Gennaio sort.*)

ODOARD, *avec joie.*

Je triomphe!.. Il s'en va!..
A moi seul Isella!..

(*Tout à coup on entend au dehors, et dans le lointain, un cor de chasse sonner une fanfare. Odoard s'arrête et écoute.*)

ODOARD.

Cette fanfare! ô ciel! quelle disgrâce!
La reine arrive! Eh! oui, c'est le signal!
Il faut partir! il faut céder la place...
Quand j'étais seul, et vainqueur d'un rival.

GENNAIO, *rentrant, à des paysans qui arrivent de tous côtés.*

Savez-vous, mes amis, pourquoi cette fanfare?

SCÈNE XII.

LES MÊMES, LE GREFFIER, *suivi de quelques gens de justice.*

LE GREFFIER, *à Odoard qui va sortir.*

Comme témoin auprès du barigelle
Vous êtes prié de passer.

ODOARD.

Près de la reine, où le devoir m'appelle,
Je cours! mais Gennaio pourra me remplacer;
Il dira tout... à lui vous pouvez vous fier.

ENSEMBLE.

ISELLA.

O contre-temps barbare
Qui de lui me sépare!
Je n'y comprends plus rien.
Quel est donc son dessein?
Je réfléchis en vain.
Dieu! voilà qu'on l'emmène;
Ah! pour moi quelle peine!
Sans le voir, quoi! partir!
C'est vraiment trop souffrir!

GENNAIO.

O contre-temps barbare
Qui d'elle me sépare!
Loin d'elle il faut partir;
Ah! c'est par trop souffrir!
Malgré moi l'on m'entraîne;
Quel ennui! quelle peine!
Loin d'elle il faut partir;
C'est vraiment trop souffrir!

ODOARD.

Forcé de m'éloigner, du moins je les sépare!
Ah! je suis en défaut,
Mais un temps de galop
Et j'y serai bientôt.
Quelle peine!
Quoi! déjà c'est la reine!
La voilà! sa venue
Imprévue
Met mon cœur
En fureur!

LE GREFFIER, *et le chœur à Gennaio.*

Allons donc! qu'on l'entraîne!
Faut-il donc tant de peine
Pour le faire obéir?
Il faut partir!

(*Le greffier et les gens de justice emmènent Gennaio. Odoard voudrait rester encore, mais les sons deviennent plus forts et plus pressants. Furieux il s'enfuit sans pouvoir parler à Isella, qui, demeurée seule, va s'asseoir sur la chaise près de la table en témoignant son étonnement de tout ce qui vient de se passer.*)

ACTE DEUXIÈME.

Le théâtre représente l'intérieur d'une salle de l'auberge. Portes latérales. A gauche, une table; des chaises au fond.

SCÈNE I.

HECTOR, *toujours habillé en voiturin, entrant par le fond.*

Ce n'est parbleu pas sans peine que je lui ai fait entendre raison... Ce maudit barigel agissait avec une obstination qui lui venait d'ordre supérieur... C'est ce cher Odoard qui m'avait fait mettre sous clef!...Croyez donc aux amis... Après tout, c'est un des Treize... un rival... et c'était de bonne guerre... Oui, mais, pour me tirer de là, il a fallu absolument me faire connaître, décliner mon nom et mes titres, ce que je ne voulais pas, parce que ce barigel est obligé d'envoyer son rapport au ministre de la police, à Naples... et cela va produire un éclat qui sera cause qu'on se moquera de moi si je ne réussis pas. Mais je réussirai... et déjà, pour commencer, ce vieux cor de chasse que j'ai aperçu chez le barigel... Ma foi! l'occasion était trop belle... et la brillante fanfare que j'ai envoyée aux échos a fait monter à cheval mon concurrent!... Deux lieues à faire pour aller présenter sa main à la jeune reine qu'il ne trouvera pas!... Mais il est capable de revenir ici ventre à terre... et, avant son retour, hâtons-nous de partir, et d'emmener avec moi ma conquête!

SCÈNE II.

HECTOR, ISELLA, *sortant de la chambre à gauche.*

HECTOR, *reprenant le ton de voiturin.*

Ah! çà, ma petite bourgeoise, est-ce que nous ne partons pas? Mes mules sont reposées et ne demandent qu'à se mettre en route... et moi aussi... On n'accorde ordinairement qu'une demi-heure aux voyageurs, et voilà plus d'une grande heure!...

ISELLA.

Ce n'est pas ma faute! je suis prête... j'ai dîné... un repas superbe, qui avait l'air d'être pour deux!...

HECTOR, *à part.*

Et qu'elle aura mangé seule... pendant que j'étais là-bas, sous les verrous... Ah! mon ami Odoard, je vous revaudrai cela .. (*haut.*) Nous pouvons donc partir?

ISELLA.

Quand vous voudrez!

HECTOR, *vivement et à part.*

J'aime mieux cela!... parce qu'une fois dans ma voiture... elle est chez moi, elle est à moi... et fouette cocher!... (*haut à Isella.*) Je vais atteler!

(*Il sort par le fond.*)

SCÈNE III.

ISELLA, *seule.*

Certainement! que je partirai!... et je voudrais déjà être loin d'ici... Conçoit-on ce Gennaio?...C'est pour le voir, pour lui parler, que je m'arrête dans cette auberge, et il évite ma présence!... et quand enfin je l'aperçois, quand je l'appelle, il s'en va!... Eh bien! moi aussi, je m'en irai... On a de l'amour-propre, de la fierté... et si ce n'étaient mes principes!...

COUPLETS.

PREMIER COUPLET.

Pauvre couturière,
Mais honnête et fière,
J'aime, et je ne veux
Qu'un seul amoureux.
J'ai fait la promesse
De l'aimer sans cesse!
Et probablement
Tiendrai mon serment.
Mais... mais... pourtant, hélas!
Ne vous y fiez pas.
Parfois la vengeance
Peut nous entraîner,
Et peut nous mener
Plus loin qu'on ne pense.
Gennaio, prends garde!
Cela te regarde;
Plus d'un grand seigneur
Peut m'offrir son cœur.

DEUXIÈME COUPLET.

Sans être coquette,
Nouvelle conquête
Peut m'offrir encor
Des titres, de l'or.

Mais de ces altesses
Et de leurs richesses
Toujours je rirai!
Car je l'ai juré!
Mais... mais...pourtant, hélas!
Ne vous y fiez pas!.. etc., etc.

SCÈNE IV.

ISELLA, ODOARD.

ODOARD, *entrant par le fond, à part.*

C'est elle!... elle n'est pas partie!... Ah! mon ami Hector, vous paierez cher cette course-là... Décidément la reine n'arrive que demain, et j'ai devant moi toute une soirée qui vous sera fatale!

ISELLA.

Allons! partons!

ODOARD, *à part.*

Diable! pas de temps à perdre!... les grands moyens!... (*haut et criant vers la cantonade.*) Les imbéciles! les butors!... adressez-vous donc à eux!

ISELLA, *se retournant.*

L'officier de ce matin!... A qui en avez-vous donc, monsieur?

ODOARD.

Aux garçons de cette auberge... à Gennaio!

ISELLA, *s'approchant.*

Gennaio?

ODOARD.

Il ne sait rien!

ISELLA.

C'est bien vrai!

ODOARD.

Un petit niais!

ISELLA.

Quelquefois!

ODOARD.

Lui qui va tous les jours à Naples... ne pouvoir m'indiquer dans la rue Tolède la personne que je cherche...

ISELLA.

La rue Tolède?... Pardon, monsieur, j'y demeure moi-même... et, vu que j'y connais beaucoup de monde, je serais peut-être susceptible de vous indiquer... si toutefois il n'y a pas d'indiscrétion à demander à monsieur le motif...

ODOARD.

Comment donc, il n'y a pas de mystère... Vous saurez, mademoiselle, que j'habite avec ma tante un château du voisinage.

ISELLA, *à part.*

Un château!... je m'en doutais à sa physionomie!

ODOARD.

Nous attendons une parente qui va se marier... des parures, des robes de noce à faire... et ma tante a ouï parler avec tant d'éloges d'une jeune artiste en couture qu'elle n'en veut pas employer d'autre, et me fait faire six lieues pour aller lui offrir de passer trois mois chez nous, à raison de mille piastres..

ISELLA, *à part.*

Mille piastres! juste ce qu'il me faudrait pour ma dot! Elle est bien heureuse, celle-là! (*haut.*) Et son nom, monsieur, son nom à cette artiste?

ODOARD.

Un nom fort agréable... Is... Is...la...

ISELLA, *vivement.*

Isella, peut-être? près la fontaine, nº 5, à l'entresol, les volets verts?

ODOARD.

Justement!

ISELLA.

Dieu! quelle rencontre!

ODOARD.

Elle vous serait connue? Alors, je vous demanderai si elle mérite en effet tout le bien qu'on en dit?

ISELLA.

A cet égard-là, monsieur, je suis trop modeste; comme c'est moi-même!

ODOARD.

Vous, mademoiselle?... allons donc!

ISELLA.

Comment! allons!

ODOARD.

Vous me pardonnerez de vous dire que ma tante est trop rigide pour que je lui amène ainsi la première venue...

ISELLA.

Mais, monsieur, il n'y a pas de première venue, puisque je vous dis que c'est moi!

ODOARD.

Vous le dites! vous le dites... il faut des preuves... parce que ce qui nous a décidés en faveur de mademoiselle Isella, c'est qu'elle jouit d'une réputation...

ISELLA.

Intacte! Précisément, monsieur... c'est bien moi, connue, j'ose le dire, pour la solidité des principes et des points arrière...

ODOARD.

Permettez! il n'est pas aisé de m'en faire accroire... j'ai des renseignements... D'abord, une très jolie personne.

ISELLA, *les yeux baissés.*

Dam'! monsieur...

ODOARD.

Je conviens que jusque-là le signalement est exact... On ajoute qu'elle a la main la plus blanche...

ISELLA, *avançant sa main.*

Si ce n'est que cela?

ODOARD, *après lui avoir pris la main.*

Parfaitement conforme!... et des yeux, surtout!...

ISELLA.

Je ne les cache pas!

ODOARD.

C'est juste! c'est très juste! On disait même...

(Il va pour lui prendre la taille.)

ISELLA, *avec impatience.*

Ah! dam'! s'il faut un signalement si minutieux, il n'y a pas moyen de se reconnaître!

ODOARD.

Non, mademoiselle, non, cela suffit!... D'ailleurs je me fie à vous; vous ne voudriez pas me tromper, abuser de ma crédulité...

ISELLA.

J'en suis incapable.

ODOARD.

Il n'y a plus qu'un obstacle, c'est que nous ne pouvons pas attendre... et vous devez être si courue... avoir une si nombreuse clientèle!

ISELLA.

Il est sûr que, Dieu merci, ce n'est pas l'ouvrage qui me manque, et qu'il m'en tombe de tous les côtés... Mais dans ce moment-ci je n'ai rien à faire... J'allais à Tarente, pour un mémoire qu'on peut remettre plus tard.

ODOARD.

Est-ce heureux! Et vous vous mettriez à ma disposition?..

ISELLA.

Quand vous voudrez.

ODOARD.

Pour me suivre dans ce beau château, qu'on voit là-bas sur la colline?

ISELLA.

Je n'ai point de préjugés contre les châteaux.

ODOARD, *à part.*

A merveille!... Une fois qu'elle y sera, je défie bien Hector!... (*haut.*) Allons! allons... mademoiselle!

ISELLA.

Le temps de prendre là-dedans mes cartons.

ODOARD.

Impossible! je suis trop pressé de satisfaire l'impatience de ma respectable tante!

ISELLA.

Mais, monsieur...

ODOARD.

On enverra tout chercher demain matin, et pour vous rassurer, voici un à-compte... cent ducats d'or, que je vous prie de recevoir d'avance, à condition que nous ne perdrons pas une minute...

(Il lui donne une bourse.)

ISELLA, *prenant la bourse, à part.*

Cent ducats d'or! il y met des procédés... (*haut.*) Allons, par égard pour madame votre tante...

ODOARD.

Qui vous en remerciera dans un quart d'heure... Venez, mademoiselle, ma calèche est attelée.

(Ils vont pour sortir; la porte du fond s'ouvre.)

SCÈNE V.

LES MÊMES, HECTOR.

HECTOR, *entrant le fouet à la main.*

Eh ben! eh ben! dites donc, ma belle demoiselle... où donc est-ce que vous allez comme ça?... moi qui viens vous dire que les mules sont attelées!

ISELLA.

Ah! c'est vrai! mon cher, dans la précipitation, je vous avais oublié!...

HECTOR.

Comment, oublié?... Qu'est-ce que ça signifie?

ISELLA.

Ça signifie que monsieur m'emmène avec lui!

HECTOR, *à part.*

Comment diable s'y est-il pris?... (*haut.*) Fi! mademoiselle, fi!...

ISELLA.

Comment, fi?...

HECTOR, *à Isella.*

Oui... un inconnu... qui viendra me débaucher mes pratiques!

ISELLA.

Débaucher! ah! que c'est voiturin!... D'abord, quant à inconnu, il ne l'est pas... il s'est fait connaître, il a un château où je l'accompagne.

ODOARD.

Volontairement, et sans effort, mademoiselle vous le dira!...

ISELLA.

Sans doute! et dans sa calèche... une calèche! Ainsi, voiturin, on ne va pas sur vos brisées... ce n'est plus le même genre!

HECTOR.

Je me soucie bien de sa calèche, moi! On ne vexe pas comme ça le pauvre monde... et ma voiture que vous avez louée, les trois places que vous avez retenues pour être seule?

ISELLA.

C'est juste! on ne veut pas vous faire du tort; je vas vous les payer, vos places!

ODOARD.

Du tout, mademoiselle, c'est moi que cela regarde... Que vous faut-il, mon cher?

HECTOR, *bas.*

Laissez-moi donc tranquille! (*haut.*) Non, mademoiselle, ça ne se passera pas ainsi... vous m'avez pris pour un voyage, il faut que vous voyagiez; je ne connais que ça!

ISELLA.

Ah! çà, a-t-il la tête dure! c'est pis que ses bêtes... Puisqu'on vous dédommage.

HECTOR, *vivement et avec sa voix naturelle.*

Est-ce que c'est possible!... Et le plaisir d'être avec vous, de vous contempler, de vous admirer... qui m'en dédommagera?

ISELLA, *étonnée.*

Hein! plaît-il! Quel langage!

HECTOR, *à part.*

Dieu! je m'oublie! (*haut.*) Je veux dire, petite mère, que nous autres, ce n'est pas tant l'argent, mais l'honneur de la chose... *corpo di Bacco!*

ISELLA, *l'observant.*

Ah! oui, des jurons! C'est trop tard! il y a un mystère là-dessous... il s'est coupé... Vous n'êtes pas un voiturin... ce n'est pas un voiturin!...

ODOARD, *bas à Hector.*

Ce n'est pas moi qui vous ai trahi!

HECTOR, *à Isella.*

Comment, pas un voiturin! Qu'est-ce que je suis donc, alors?

ISELLA.

C'est moi qui vous le demande; car enfin, ma réputation compromise devant monsieur... qui pourrait supposer...

ODOARD, *à Isella.*

Ah! mademoiselle...

ISELLA, *à Hector.*

Répondez, inconnu équivoque... répondez!... Pourquoi ce costume?... seriez-vous un amoureux déguisé, par hasard?

HECTOR.

Un amoureux... moi!

ISELLA.

Dam'! j'en ai tant lu dans les romans!..

ODOARD.

Pour moi, je ne dis rien!

ISELLA, *à part.*

Il se trouble!... c'est un amoureux!... Quelle horreur! et la police souffre ça! (*haut à Hector.*) Qui êtes-vous, monsieur? quel était votre projet?... Vous espériez donc me séduire?

ODOARD, *d'un air de componction.*

Oh! je ne puis le croire. (*bas à Hector.*) Si vous vous tirez de là, mon cher ami...

HECTOR, *d'un ton hypocrite.*

Hélas! mademoiselle, quelle erreur est la vôtre! et si vous me connaissiez mieux, combien vous vous reprocheriez vos soupçons!

ISELLA.

Tout ça, c'est des phrases! il me faut du positif!

HECTOR.

Eh bien! il n'est plus temps de feindre ni de se taire, et dès que nous allons être seuls et sans témoins...

ISELLA.

Seuls!... Quelle audace!...

ODOARD.

Il ne doute de rien!

ISELLA.

Moi, seule avec vous! mais ça serait un tête-à-tête...

ODOARD.

Pas autre chose.

HECTOR.

Il le faut pour mon honneur!

ISELLA.

C'est ça... et le mien?

ODOARD.

L'honneur de mademoiselle...

HECTOR.

Ne court aucun risque... mais je dois me justifier à ses yeux... je dois repousser une injuste prévention... et pour lui déclarer la vérité tout entière, pour obtenir son estime et sa confiance, je ne lui demande que dix minutes!...

ODOARD, *à part.*

Quel diable de mensonge veut-il lui faire?

ISELLA.

Dix minutes!

HECTOR.

Pas davantage.

ISELLA.

C'est pour me parler d'amour?

HECTOR.

Non, mademoiselle.

ISELLA.

Je suis sûre que si!

HECTOR.

Je vous jure le contraire!

ISELLA.

Ah! je voudrais bien le voir!... D'abord, si vous m'en dites un mot, j'appelle tout de suite monsieur... (*montrant Odoard.*) qui est sage, lui... qui n'a que de bonnes intentions...

ODOARD.

Certainement!... mais ma tante qui nous attend! Notre voyage qui est pressé....

ISELLA.

Rien que dix minutes!

ODOARD.

Mais votre sagesse?...

ISELLA.

Oh! en dix minutes!.. C'est pour le confondre... A son embarras seul je gage qu'il ment... C'est un amoureux... il va me faire une déclaration, c'est sûr!

ODOARD.

Raison de plus pour le fuir...

ISELLA.

Pourquoi donc? Vous serez là... tout près...

ODOARD.

N'importe! s'il osait?...

ISELLA.

Soyez tranquille... je crierai... Oh! vous ne me connaissez pas... je crierai!...

ODOARD, *à part.*

Allons, c'est une garantie!... (*haut, et tirant*

sa montre.) Nous disons donc dix minutes... (*à part, en sortant.*) Au fait, en si peu de temps... (*à Hector.*) C'est convenu... allons, je m'en vais...

SCÈNE VI.

HECTOR, ISELLA.

ISELLA, *à part, et pendant qu'Hector ferme la porte sur Odoard.*

Ce qui m'amuse, c'est de voir les détours et les phrases respectueuses qu'il va employer, car ma vue seule lui impose...

DUO.

HECTOR, *redescendant vers Isella d'un air exalté.*

Enfin, nous sommes seuls!.. viens donc, viens dans mes bras!..

ISELLA, *effrayée et reculant.*

Qu'a-t-il donc! quelle frénésie!..

HECTOR, *de même.*

Viens, te dis-je!..

ISELLA.

Finissez, monsieur, ou bien je crie!

HECTOR, *d'un ton de reproche.*

Quoi! ton cœur ne te dit rien?..

ISELLA.

Rien du tout!

HECTOR, *avec douleur.*

Hélas!
La voix du sang est donc une chimère?
Elle ne peut reconnaître son frère!

ISELLA, *interdite.*

Lui, mon frère!

HECTOR.

Tais-toi!

ISELLA.

Mon frère! .. se peut-il?..

HECTOR, *rapidement, avec chaleur et désordre.*

Le voilà ce secret qu'entre tes mains je livre!
Proscrit et fugitif, le malheur et l'exil
Loin de Naples longtemps nous a forcés de vivre.
Par nous abandonnée à des mains étrangères,
Dans un état obscur...

ISELLA.

Oui, dans les couturières...

HECTOR, *de même.*

Mais le roi nous rappelle... il nous rend notre honneur!
Nos titres, nos trésors... et bien plus, une sœur!..
Et c'est vous!..

ISELLA.

Moi!

HECTOR.

Vous!

ISELLA.

Moi?

HECTOR.

Ma sœur!

ISELLA.

Sa sœur!

HECTOR.

Ma sœur!

ENSEMBLE.

O nature! ô sympathie!
O secret pressentiment
Par qui l'âme est avertie
Du bonheur qui nous attend!
Est-ce erreur? est-ce imposture?
Non, non, c'est la voix du sang!
C'est l'accent de la nature!
C'est le cri du sentiment!

HECTOR.

Eh quoi! rien encor jusqu'ici
Ne t'avait révélé ce frère, cet ami
Donné par la nature?

ISELLA.

Non; et pourtant de moi vous vous teniez si près,
Que dans plus d'un cahot, et comme un fait exprès,
Votre joue a touché la mienne...

HECTOR.

La nature!..

ISELLA.

Et puis, pour monter en voiture,
Ou pour en descendre, parfois
Vous me serriez la taille à m'étouffer, je crois!..

HECTOR.

La nature! la nature!

REPRISE DE L'ENSEMBLE.

ISELLA.

Oui, c'est mon frère que j'entends!
Mais pour moi, qui jamais n'ai connu mes parents,
Je voudrais bien savoir le nom de ma famille.

HECTOR.

Ah! tu veux le savoir?

ISELLA.

Ça me fera plaisir!

HECTOR.

N'as-tu pas mainte fois entendu retentir
Un grand nom, qui dans Naples brille,
Celui d'Hector Fiera-Mosca?

ISELLA.

Fiera-Mosca!.. j'ai lu quelque part ce nom-là.

HECTOR

C'est le nôtre, ma sœur, et notre maison compte
Princes, ducs et marquis... mais c'est du dernier comte
Que nous descendons tous les deux!

ISELLA, *avec admiration.*

Un comte!..

HECTOR, *jetant le manteau qui le couvre et paraissant en costume élégant.*

Et j'en reprends le costume à tes yeux!

ISELLA, *avec joie.*

Un comte! moi comtesse! Ah! quel bonheur soudain!
Et quel honneur pour notre magasin!

HECTOR, *avec tendresse et expression.*

Longtemps, sur la rive étrangère,
Me berçant d'un espoir flatteur,
Je rêvais à ce jour prospère
Qui devait me rendre ma sœur.

Je disais, pour calmer ma peine :
Ce jour-là ma sœur laissera
Ma main presser la sienne...

ISELLA.

Je n'empêche pas ; la voilà.

HECTOR, *la pressant contre lui.*

Son cœur battra contre le mien.

ISELLA.

Le voulez-vous ? je le veux bien.

HECTOR.

Et surtout cette sœur si chère
Ne me dira plus *vous !*

ISELLA.

Plus *vous.*

HECTOR.

Ah ! c'est si mal avec un frère !

ISELLA.

Dam' ! si tu veux...

HECTOR.

C'est bien plus doux !

ISELLA, *vivement.*

Mais, bien sûr, je suis comtesse ?

HECTOR.

Peux-tu douter de ta noblesse ?
Et pour dernière preuve, prends
Cette bague de notre mère.
Elle est à toi, ma chère.

ISELLA.

Dieu ! les beaux diamants !
Trois cents piastres ?...

HECTOR.

Au moins.

ISELLA.

Ah ! les beaux diamants !

ENSEMBLE.

Quoi ! je suis comtesse !
J'en perdrai l'esprit !
Honneur et richesse,
Pouvoir et crédit !
J'ose à peine y croire.
Dans aucun roman
Je n'ai lu d'histoire
Ni d'événement
Plus invraisemblable
Et plus étonnant.
Ah ! c'est admirable !
C'est vraiment charmant !

HECTOR, *à part.*

Oui, par mon adresse
Son cœur est séduit.
Audace et finesse,
Et l'on réussit.
Sans m'en faire accroire
Je dis franchement
Que rien à ma gloire
Ne manque à présent.
Grâce à cette fable,
Je suis triomphant.
Ah ! c'est admirable !
C'est vraiment charmant.

ISELLA.

A tout le monde ici je vais le dire.

HECTOR.

Au contraire, il nous faut le plus profond secret.

ISELLA.

Et pourquoi donc ?

HECTOR.

Cela nuirait
A de vastes projets dont je saurai t'instruire.
Attendons que tu sois présentée à la cour.

ISELLA, *avec explosion.*

A la cour !... est-il vrai ?.. moi ! j'irais à la cour ?
J'irais en robe à queue ?

HECTOR.

Oui, vraiment.

ISELLA.

A mon tour
Je pourrais en porter !... moi qui jusqu'à ce jour
En faisais... Quel bonheur !

HECTOR.

Mais silence ; il le faut.

ISELLA.

Ah ! je ne dirai pas un mot.

REPRISE DE L'ENSEMBLE.

ISELLA, *avec volubilité.*

Ah ! je suis comtesse ! etc.
Des laquais et des pages,
Et de beaux équipages...
Quoi ! j'irais à la cour !...
Quel plaisir ! quel beau jour !

HECTOR.

Oui, par mon adresse, etc.

ISELLA.

O mon frère !

HECTOR.

O ma sœur !

ISELLA.

O délire !

HECTOR.

O bonheur !

ENSEMBLE.

O délire ! ô bonheur !

(Ils tombent dans les bras l'un de l'autre et s'embrassent. Paraissent Odoard et Gennaio.)

SCÈNE VII.

LES MÊMES, ODOARD, GENNAIO, *entrant chacun par une porte opposée.*

ODOARD.

Que vois-je !

GENNAIO.

Ah ! mon Dieu !

HECTOR, *tirant sa montre.*

Les dix minutes ! je suis en règle !

ODOARD.

Comment, mademoiselle !...

ISELLA.

Ah ! dam' !

HECTOR, *faisant un signe à Isella.*

Silence!...

GENNAIO.

On ne vous a donc pas dit que c'était un colonel de lanciers!...

ISELLA.

Si vraiment!

GENNAIO.

Le comte Hector?

ISELLA, *avec dignité.*

De Fiera-Mosca!...

HECTOR, *avec calme.*

Elle sait tout.

ODOARD, *à part.*

Et ne pas connaître quelle ruse il a employée!

HECTOR, *à Isella.*

Je vais faire préparer une voiture... Nous partirons ensemble... sur-le-champ, n'est-ce pas?

ISELLA.

Tout ce qu'il te plaira!

ODOARD.

Elle le tutoie!

GENNAIO, *qui est resté comme abasourdi.*

Je voudrais être sourd!

(*Il se bouche les oreilles.*)

HECTOR, *la reconduisant vers sa chambre.*

C'est bien... En attendant, retourne dans ta chambre, prends tes cartons et partons à l'instant!... (*arrivé près de la porte.*) Ah! encore une fois dans mes bras!...

ISELLA, *s'y jetant.*

De tout mon cœur!

ODOARD.

Elle se laisse faire!

GENNAIO, *stupéfait.*

Je voudrais être aveugle!

(*Il se cache les yeux avec ses mains.*)

ISELLA, *rentrant et jetant un coup d'œil sur Gennaio; à part.*

Pauvre Gennaio!

(*Elle sort.*)

HECTOR, *bas à Odoard, en s'en allant.*

Maintenant, mon cher ami, si vous vous tirez de là, j'en serai charmé... et je ne vous en empêche pas... vous le voyez!...

(*Il sort.*)

ODOARD, *à part.*

Morbleu! je suis battu!... J'y renonce... Du diable si j'attends nos amis... Il ne me reste qu'à prendre mon manteau et à partir!

(*Il sort.*)

SCÈNE VIII.

GENNAIO, *puis* ISELLA.

GENNAIO, *seul.*

Je suis stupide!... j'ai le cauchemar... J'ai beau l'avoir vu et entendu, je ne peux croire encore...

ISELLA, *entr'ouvrant sa porte, et à part.*

Il est seul; faut le consoler... On a beau être grande dame... ça n'empêche pas d'être sensible... au contraire... (*s'approchant.*) Gennaio!

GENNAIO.

Encore elle!... Laissez-moi, je vous déteste!...

ISELLA.

Ingrat!... Moi qui ce matin avais quitté Naples en pensant à lui... moi qui avais voulu passer par ce village, m'arrêter dans cette auberge, exprès pour le voir un instant!

GENNAIO, *avec transport.*

Pas possible!... Ah! pardon!... Et je t'accusais!... Ah! ce n'est plus de l'amour que j'ai, c'est de l'ivresse, de l'adoration... (*se ravisant et avec explosion.*) c'est de la bêtise... car enfin, l'autre?...

ISELLA.

Ah! dam'!... on part sans penser à rien... mais s'il arrive des circonstances...

GENNAIO.

Ah! elle appelle ça des circonstances!... un mauvais sujet... qui se permet des choses... que moi seul...

ISELLA, *vivement, lui mettant la main sur la bouche.*

Chut! oublie ça!... Maintenant que je suis une grande dame...

GENNAIO.

Toi?

ISELLA.

Dieu! ça m'est échappé!... Mais c'est égal, je te connais... tu es discret... tu n'en parleras à personne!...

GENNAIO.

Laisse-moi donc tranquille... Ce grand seigneur, ce comte Hector ne te prendra jamais pour sa femme.

ISELLA.

Je crois bien... est-ce que ça se peut!

GENNAIO.

Tu ne seras que sa maîtresse.

ISELLA, *avec dignité.*

Pour qui me prenez-vous, Gennaio?... On voit bien que vous ignorez quel sang coule dans mes veines... et si ce n'était pas un secret, je n'aurais qu'un mot à dire pour vous faire tomber à mes pieds.

GENNAIO.

D'un mot?... Je t'en défie!

ISELLA.

Tu m'en défies!... Eh bien! au f it... ton estime en dépend... je tiens à ton estime... Apprends donc...

GENNAIO.

Quoi!

SCÈNE IX.

LES MÊMES, ODOARD.

ODOARD, *rentrant avec son manteau, à part.*

Allons!...

ISELLA.

Que je suis sa sœur!

GENNAIO.

Sa sœur?

ODOARD.

Sa sœur!...

ISELLA, *apercevant Odoard.*

Allons, l'autre!... v'là que tout le monde va le savoir.

ODOARD, *à part.*

Sa sœur!... Ah! par exemple, je n'aurais pas deviné celle-là!.. (*haut.*) Comment, mademoiselle, vous auriez pour frère le comte Hector?...

SCÈNE X.

LES MÊMES, HECTOR.

HECTOR.

De Fiera-Mosca... Oui, monsieur... je voulais le cacher... mais puisque les titres sont connus, permettez que je vous présente ma sœur... la comtesse ma sœur!

ODOARD, *saluant profondément.*

Mademoiselle...

ISELLA, *faisant une grande révérence.*

Monsieur!...

GENNAIO.

Allons donc! ce n'est pas possible!

ODOARD.

Si fait, mon garçon, si fait... Quoi! mon cher Hector, mademoiselle est cette jeune personne égarée dans nos révolutions... et dont je vous ai si souvent entendu regretter la perte?

HECTOR.

Oui, mon cher Odoard... (*bas.*) C'est très bien... c'est loyal... vous le prenez comme il faut.

ODOARD.

Que je suis heureux de la voir dans les bras de son vénérable frère... d'autant mieux que je m'y trouve encore plus intéressé que lui-même.

HECTOR.

Hein!... plaît-il?...

ISELLA.

Qu'est-ce que cela veut dire?

ODOARD.

C'est ce qu'il me sera facile de vous expliquer par un récit succinct et véridique.

HECTOR, *à part.*

Est-ce qu'il se flatterait d'imaginer un mensonge plus fort que le mien!..

ODOARD.

Vous vous rappelez, mon cher comte, que nos deux maisons se tenaient par les liens de l'amitié et de la politique... Pour les resserrer encore, elles résolurent, à la naissance de mademoiselle, de profiter d'un privilége accordé aux grandes familles...

HECTOR, *à part.*

Où veut-il en venir?

ODOARD.

On obtint une dispense de Rome, une autorisation de la cour... on nous conduisit en grande pompe dans une chapelle magnifiquement décorée... je crois y être encore... Mademoiselle était dans son berceau... on posa sa jeune main dans la mienne... je n'avais que cinq ans alors... je n'étais pas encore en état d'apprécier, comme aujourd'hui, mon bonheur... mais enfin la cérémonie n'en fut pas moins célébrée avec toutes les formalités nécessaires... et maintenant, vous le voyez, mademoiselle m'appartient... elle est ma femme!

HECTOR, *à part.*

Sa femme!...

ISELLA.

Moi, mariée!...

GENNAIO, *à part.*

Il ne me manquait plus que ça!

ODOARD.

J'en prends à témoin M. le comte, votre frère... Qu'il parle... qu'il rende hommage à la vérité... Je suis sûr qu'il ne me démentira pas!... J'y compte!

HECTOR, *à part.*

Oh! notre convention!... (*haut.*) Certainement... je ne peux pas dire le contraire!...

ODOARD.

Vous entendez?... il en convient!

HECTOR.

Mais avant tout, permettez... Il faudrait au moins savoir où est le contrat de mariage qui prouve que ma sœur est votre femme?

ODOARD.

Où il est?... à côté de l'extrait de baptême qui prouve que ma femme est votre sœur!

HECTOR.

C'est juste!

ODOARD.

Et maintenant, marquise de Rosenthal, suivez votre époux!

FINAL.

GENNAIO, *stupéfait.*

O ciel!

ISELLA.

Quoi! me voilà marquise?
A chaque instant redouble ma surprise.

HECTOR.

Un mot, pourtant, marquis, un seul...

ODOARD.

Je le permets.

HECTOR.

Vos droits, comme mari, sont, je le reconnais,
Aussi sacrés que les miens comme frère.

ODOARD.

C'est la vérité tout entière.

HECTOR.
Mais vous comprenez bien que le rang de ma sœur,
Les usages du monde et surtout sa pudeur...
Car, avant tout, c'est par là qu'elle brille...

ODOARD, *avec impatience.*
Eh bien?

HECTOR, *gravement.*
Eh bien! ce n'est qu'au sein de ma famille
Que je puis en vos bras la remettre.

ODOARD.
Très bien.

HECTOR.
Jusque-là, c'est de droit, je reste son gardien;
Et dans sept ou huit jours peut-être...

ODOARD, *à part.*
Huit jours! il sera temps ..
(*haut.*)
Non, monsieur, Dieu merci!
C'est à moi d'ordonner.

HECTOR.
C'est moi qui suis le maître.

ODOARD, *prenant la main d'Isella.*
Une femme avant tout doit suivre son mari.

HECTOR, *prenant l'autre main.*
Un frère a sur sa sœur une entière puissance.

ODOARD.
Au nom de la morale...

HECTOR.
Au nom de la décence...

ODOARD, *s'échauffant.*
Je défendrai mes droits!

HECTOR, *de même.*
Je défendrai les miens!

ODOARD.
C'est moi qu'elle suivra!

HECTOR.
C'est moi, je le soutiens!

TOUS DEUX, *se menaçant.*
C'est moi! c'est moi! c'est moi!

ISELLA, *effrayée, s'élançant entre eux deux.*
Grands dieux! entre beaux-frères
Arrêtez, suspendez ces combats sanguinaires!

HECTOR *et* ODOARD.
Non, non, qu'elle prononce, ou mon bras furieux...

ISELLA, *allant de l'un à l'autre.*
Mon frère!... mon mari!...
(*à part.*)
Je tremble...
(*haut.*)
Eh bien! donc, je suivrai...

HECTOR.
Lequel de nous?

ISELLA.
Tous deux.
(*Geste de colère de Gennaio, d'Hector et d'Odoard.*)
Tous trois nous partirons ensemble.

ENSEMBLE.

ISELLA.
O terrible chance!
On peut en tout temps
Choisir, je le pense,
Entre deux amants;
Mais comment donc faire
Quand il faut ici
Choisir entre un frère
Ou bien un mari?

HECTOR *et* ODOARD, *à part.*
O la belle avance!
Entre deux amants
Choisir, par décence,
Deux en même temps!
Et que peut-on faire
Quand on est ainsi
Placée entre un frère
Ou bien un mari?

GENNAIO.
Ah! quelle souffrance!
Quel affreux tourment!
Non, plus d'espérance
Pour un pauvre amant.
O destin contraire
Qui m'a tout ravi!
Ah! c'est trop d'un frère
Et trop d'un mari!

HECTOR, *faisant la moue.*
Partir tous trois, c'est sans doute agréable.

ODOARD, *de même.*
Mais il fait nuit.

HECTOR.
Le temps est détestable.

GENNAIO.
Et les brigands par ici sont nombreux.

ISELLA.
Des brigands!... ah! je tremble...
(*regardant Gennaio.*)
Et peut-être en ces lieux
On pourrait s'arrêter jusqu'à demain?...

ODOARD, *vivement.*
Sans doute.

HECTOR, *de même.*
Attendons à demain pour nous remettre en route.

ISELLA, *à part et regardant Gennaio.*
A Gennaio, du moins, je ferai mes adieux.

HECTOR.
Et cette nuit l'on peut, dans cette hôtellerie...

GENNAIO, *vivement.*
Vous loger très commodément.

ODOARD.
A merveille!... Un appartement,
(*montrant Hector.*)
Là, pour monsieur le comte.

HECTOR, *à Gennaio.*
Un autre, je t'en prie,
Pour monsieur le marquis.

ISELLA.
Et puis moi?

ODOARD.
Dieu merci!
Une femme, avant tout, doit suivre son mari.

HECTOR.
Un frère a sur sa sœur une entière puissance.

ODOARD.
Au nom de la morale...

HECTOR.
Au nom de la décence...

ODOARD.
Je défendrai mes droits!

HECTOR.
Je défendrai les miens!

ODOARD.

C'est moi qu'elle suivra!

HECTOR.

C'est moi, je le soutiens.

TOUS DEUX.

C'est moi! c'est moi! c'est moi! je le soutiens!
Eh bien! qu'elle prononce, ou mon bras furieux...

ISELLA.

Eh bien! je vais encor me prononcer.

LES TROIS HOMMES, *avec émotion.*

Grands dieux!

ISELLA.

Je choisis de loger seule.

GENNAIO, *à part.*

Ah! que c'est heureux!

ENSEMBLE.

ISELLA.

O terrible chance!
On peut en tout temps
Choisir, je le pense,
Entre deux amants;
Mais comment donc faire
Quand il faut ici
Choisir entre un frère
Ou bien un mari?

GENNAIO.

O douce espérance
Pour un pauvre amant!
Ah! dans ma souffrance
Je gagne un instant.
Mais comment donc faire?..
Que ne puis-je ici
Remplacer un frère
Ou bien un mari!

HECTOR *et* ODOARD.

Ah! la belle avance:
Ce choix trop prudent
Prive d'espérance
L'un et l'autre amant.
O destin contraire!
Comment faire ici?
Ah! c'est trop d'un frère
Ou trop d'un mari.

GENNAIO.

Cela se rencontre à merveille.
(*à Odoard et à Hector.*)
Voilà d'abord ici deux chambres pour vous deux.
(*à Isella.*)
Vous, c'est au fond du cloître, une chambre pareille,
(*à part.*)
Numéro quatre. Elle sera loin d'eux.
(*haut.*)
Ainsi chacun sera content.

HECTOR *et* ODOARD, *à part, de mauvaise humeur.*

Oui, joliment, joliment!

ENSEMBLE, à demi-voix et à part.

LES TROIS HOMMES.

Voici la nuit;
Allons, sans bruit,
Chez soi que chacun se retire.
Comment revoir
Avant ce soir
La beauté pour qui je soupire?
Pour m'inspirer quelque moyen,
Sois, amour, mon ange gardien;
Pour m'inspirer quelques moyens,
Viens, amour, viens, viens, viens.

ISELLA.

Voici la nuit;
Allons, sans bruit,
Chez soi que chacun se retire.
Adieu, bonsoir;
(*à part.*)
Un doux espoir
Et me berce et vient me sourire.
Honneur! ô toi, mon seul soutien,
Sois toujours mon ange gardien,
Sois toujours mon ange gardien!
Sois mon ange gardien!

(*Gennaio donne un flambeau à Isella qui sort par le fond; Hector entre dans la chambre à gauche, et Odoard dans celle de droite. Gennaio reste le dernier et donne un tour de clef à la serrure d'Odoard, puis à celle d'Hector, et sort par le fond.*)

ACTE TROISIÈME.

Le théâtre représente un ancien cloître qui est dépendant de l'auberge et où sont plusieurs chambres de voyageurs. Au fond, un escalier conduisant à une galerie qui règne dans toute la largeur du théâtre; sur cette galerie donnent les portes de plusieurs chambres qui font face au spectateur. A droite de la galerie, une fenêtre donnant sur la campagne. Sur les premiers plans, portes latérales, et au fond, sous la galerie, une porte d'entrée.

SCÈNE I.

ISELLA, *tenant un bougeoir et entrant par la porte à droite.*

Dans l'ancien cloître, m'a-t-il dit... chambre numéro 4... Voilà-t-il des cours et des corridors que je traverse !.. Il paraît que Gennaio m'a placée presque à l'autre bout de la maison...(*regardant les numéros des chambres.*) 2, 3, 4...C'est là-haut! (*montrant la chambre dont la porte donne sur la galerie.*) Ce n'est pas trop beau pour une comtesse!... mais il y a des moments où il faut oublier son rang... oui, son rang... car enfin il n'y a plus de doute...

RONDEAU.

Oui, je suis une grande dame;
Mon sort est fixé sans retour,
Et ma famille me réclame
Pour aller briller à la cour.
Quel sort brillant et sans nuages
Sans la douleur de Gennaio!
Mais calme-toi; mon sort nouveau,
Je veux qu'ici tu le partages;
Console-toi, mon Gennaio.
De mes bienfaits, oui je t'accable,
Et veux te voir brillant, aimable,
Avec l'habit fashionable,
Des diamants
Et des gants blancs.
Car je suis une grande dame, etc.
Dans ma riche voiture,
Quand chacun me verra
Brillante de parure,
Comme mon cœur battra!
Pour voir mon équipage
On court de toutes parts;
Chevaux, laquais et pages,
Etonnent les regards.
Je vais, je le parie,
Et dès le premier jour,
Faire mourir d'envie
Les dames de la cour.
Je danserai toujours,
La danse est mes amours.
Chez moi, les soirs de grand gala,
Toute la ville arrivera;
Des étrangers, Russes, Anglais,
Belges, Prussiens, surtout Français,
Car j'aime beaucoup les Français.
Ils me verront,
Me lorgneront,
M'admireront,
Et me feront
Des compliments,
Vifs et galants.
Puis, quand du bal
Part le signal:
« Madame la duchesse,
Ah! madame, je voudrais
Danser avec votre altesse. »
Moi, je réponds : « Mon altesse
Aime beaucoup les Français. »
Je crois d'ici voir ce Français.
« Madame, on n'a pas plus de grâce!
— Monsieur me flatte et m'embarrasse!
— D'honneur, vous dansez à ravir,
Et je crois voir une sylphide.
— Monsieur, ce discours m'intimide;
Vous allez me faire rougir.
— Pour vous, madame, on perd la tête!
— Monsieur, vous êtes bien honnête. »
Et puis, avec un Allemand
Je veux valser légèrement.
Ah! quel contraste! un Allemand,
Comme il tourne avec sentiment.
Je valserai,
Je tournerai,
Je passerai,
Et lui dirai:
(*Imitant une danseuse qui a des vertiges.*)
« Pressez moins fort;
« Dans cet effort
« Mon cœur s'en va!
« Arrêtez là!
« Je n'y vois plus,
« Tout est confus;
« Je ne sens rien,
« Tenez-moi bien. »
Mais je n'oublirai point les airs de ma patrie;
Notre tarentelle chérie
Viendra, par ses piquants attraits,
Mettre le comble à mes succès.
Ah! vraiment, vit-on jamais
Plus d'entrain, plus de folie?
Je les vois tous stupéfaits
S'écrier : « Qu'elle est jolie! »
C'est à qui m'applaudira.
Ces vœux, ce bruyant délire,
Gennaio les entendra,
Et tout bas pourra se dire:
« Chacun vise à sa faveur,
« Moi seul j'ai su la séduire;

« Oui, je suis son seul vainqueur. »
Hein! quel honneur!
Que c'est flatteur!
Combien son cœur,
Son tendre cœur,
Sera content de mon bonheur!
Oui, je suis une grande dame;
Mon sort est fixé sans retour,
Et ma famille me réclame
Pour aller briller à la cour.

(On entend ouvrir la porte du fond.)

Hein! qui vient là? qui entre ainsi chez moi?

SCÈNE II.

ISELLA, GENNAIO.

GENNAIO.

Pardon, mam'selle... (*se reprenant.*) madame la comtesse, je veux dire... J'ai eu peur que vous ne puissiez pas trouver votre chambre... et je venais vous conduire...

ISELLA.

Vous êtes bien bon!

GENNAIO.

Vous pourriez avoir peur dans ce côté de la maison, dans ce vieux cloître qui est désert, et vous trouverez là-haut ma tante que j'ai priée d'aller passer la nuit près de vous!...

ISELLA.

Je vous remercie d'avoir pensé à ma sûreté!...

GENNAIO.

Ce n'est pas à la vôtre.... c'est à la mienne... parce que, malgré moi, il me semble encore que.. Ah! tenez.. j'en mourrai!...

ISELLA.

Quoi! tu pleures?

GENNAIO.

C'est plus fort que moi... je ne me consolerai jamais de vous voir comtesse.

ISELLA.

Ça ne te fait pas plaisir?

GENNAIO.

Ça me fait enrager!

ISELLA.

D'avoir été aimé d'une grande dame?

GENNAIO.

Qui ne m'aime plus!

ISELLA.

Si vraiment!... et si je peux te rendre bien riche!...

GENNAIO.

Je ne le veux pas!

ISELLA.

Si je peux t'emmener avec moi dans mon palais!...

GENNAIO.

Et comment?... vous avez un frère, vous avez un mari!... Toutes les places sont prises... Il n'y en aurait plus qu'une... (*d'un ton insinuant.*) pour quelqu'un qui vous aimerait bien!...

ISELLA.

Ce n'est pas possible!

GENNAIO.

Pas même celle-là!... à cause?...

ISELLA.

A cause de mon rang!... Je voudrais pour la moitié de ma fortune être née comme toi dans l'état le plus humble, le plus roturier!...

GENNAIO.

Ah! que vous êtes bonne!

ISELLA.

Dieu! que je le voudrais!... Mais la tyrannie de la noblesse et de la naissance!...

GENNAIO.

Ce n'est pas votre faute!

ISELLA.

On n'est pas maîtresse de son sort!

GENNAIO.

Aussi, je vous passerais encore votre frère... mais ce que je ne vous pardonne pas... c'est l'autre... votre mari... Est-ce que vous l'épouserez tout-à-fait... et pour de vrai?...

ISELLA.

Il faudra bien!

GENNAIO, *avec colère.*

Ah! voilà ce qui me désespère et me met en fureur!... Vous ne penserez plus à moi?...

ISELLA.

Si vraiment!... de temps en temps!...

GENNAIO.

Vous ne m'aimerez plus du tout!...

ISELLA.

Un petit peu!... si c'est possible! et sans qu'on le sache!...

GENNAIO, *avec joie.*

Bien vrai?...

ISELLA.

Ainsi, calme-toi, console-toi!

GENNAIO.

Me consoler! quand demain je vais vous perdre!... Ah! si j'osais! mais je n'ose pas... une comtesse!

ISELLA.

Dis toujours.

GENNAIO.

Eh bien! un petit baiser, un seul!

ISELLA, *hésitant.*

Écoute donc... je ne sais pas si avec mon rang c'est permis.

GENNAIO, *vivement.*

Oui, mam'selle!

ISELLA, *avec dignité.*

Et si les grandes dames!...

GENNAIO.

Oui, mam'selle!... D'ailleurs, ce baiser-là, c'est à Isella que je le demande!

ISELLA.

Alors, dépêche-toi! et que la comtesse n'en sache rien!

GENNAIO, *l'embrassant.*

Isella!

ISELLA, *se dégageant de ses bras.*

Laissez-moi! laissez-moi!... laisse-moi, Gennaio... Ah! mon Dieu! qu'est-ce que je fais! je le tutoie... C'est étonnant comme on s'oublie! (*reprenant le bougeoir sur la table et montant l'escalier du fond.*) Bonsoir! bonsoir!

GENNAIO.

Et, quoi qu'il arrive, vous n'ouvrirez à personne?

ISELLA.

Je te le promets!... Bonsoir! à demain!

(*Elle entre dans la chambre qui est au premier étage, en face du spectateur, n° 4. Le théâtre n'est plus éclairé.*)

SCÈNE III.

GENNAIO, *seul et regardant Isella entrer dans sa chambre.*

Oui, demain, la quitter pour jamais!... O inégalité des rangs! C'est égal, ce baiser de tout à l'heure a pour un instant rapproché les distances, et il me semble que maintenant je suis moins malheureux! Allons, retirons-nous, et allons dormir... si je le peux!... J'ai enfermé chez eux les deux autres; c'est tranquillisant... Malgré cela, et pour plus de sûreté, j'ai bien envie d'enfermer aussi Isella... Trois précautions valent mieux qu'une!

(*Il monte doucement l'escalier.*)

SCÈNE IV.

GENNAIO, *sur l'escalier;* ODOARD, *entrant par la porte à gauche.*

ODOARD.

Conçoit-on cet Hector! avoir l'audace de m'enfermer dans mon appartement!... J'avais beau frapper et briser toutes les sonnettes, personne ne venait à mon aide, et si je n'avais eu l'idée de démonter moi-même la serrure, je restais prisonnier toute la nuit!... (*Dans ce moment Gennaio retire de la porte d'Isella la clef qu'il met dans sa poche.*) Hein!... j'ai cru entendre... Non... Dans l'ancien cloître, lui a dit Gennaio, la chambre n° 4. Moi qui ai souvent logé dans cette auberge, je connais le local... c'est ici!... Et maintenant il n'y a plus de temps à perdre; les amis que j'ai invités peuvent arriver d'un instant à l'autre!...

DUETTO.

ODOARD.

En bon militaire
Moi qui fis la guerre,
Avec audace,
Contre la place,
Tentons soudain
Un coup de main.

GENNAIO, *qui descend l'escalier, écoute.*

Hein?

ODOARD.

Oui, d'un pas alerte,
A la découverte
Marchons sans crainte;
Par cette feinte
Que le plus fin
L'emporte enfin!

GENNAIO, *écoutant toujours et descendant l'escalier.*

Hein?

ODOARD.

Pendant que la belle,
A l'amour rebelle,
Ici sommeille,
Moi je veille.
Heureux destin!
Bonheur certain.

GENNAIO.

Hein?

ODOARD.

Oui, voilà sa porte;
L'amour qui m'escorte
Saura sans peine
Tourner le pène.
Le dieu malin
Guide ma main.

GENNAIO.

Hein?

(*Pendant qu'Odoard va à tâtons vers l'escalier du fond, Gennaio, sur la ritournelle, descend la scène à pas de loup et chante à son tour.*)

Sans savoir la guerre,
Je pourrai, j'espère,
Mettre en fuite
Tout de suite
Ce vaurien;
Tenons-nous bien.

(*Odoard pendant ce temps a monté l'escalier et s'est approché de la porte d'Isella, qu'il a trouvée fermée.*)

ODOARD.

Hein?

GENNAIO.

Ici je protége
Le fort qu'on assiége,
Et puis j'empêche
Toute brèche;
Par ce moyen
Il n'aura rien.

ODOARD, *écoutant.*

Hein?

(*Odoard redescend et rencontre Gennaio au bas de l'escalier.*)

ODOARD.

Eh quoi! c'est toi?

GENNAIO, *à part.*

Le mari! le mari!

ODOARD.

Eh! mais, la clef?

GENNAIO.

Elle n'est pas ici.

ODOARD, *vivement.*

L'aurait-on prise?

GENNAIO.

Eh! oui, ce grand seigneur.

ODOARD.

Hector?

GENNAIO, *affirmativement.*

Hector.

ODOARD, *avec colère.*

Et tu l'as laissé faire?

GENNAIO.

Le grand mal! N'est-ce pas un frère?

ODOARD.

Son frère? Eh! non... et c'est là ton erreur!
C'est une ruse.

GENNAIO.

Ciel! c'est un faux frère!

ODOARD.

Eh! oui.
Reste là; veille bien sur lui.
Empêche-le d'entrer.

GENNAIO

Soyez tranquille.

ODOARD.

Je prends un flambeau.

GENNAIO.

Bien.

ODOARD.

Et puis, à domicile,
S'il le faut, je m'installe ici toute la nuit.

GENNAIO.

C'est dit.

ENSEMBLE.

ODOARD.

En bon militaire
Moi qui fis la guerre,
Je saurai vite
Le mettre en fuite.
Oui, je revien,
Observons bien.
Bien.
Ici je protége
Le fort qu'on assiége.
Oui, je l'empêche
De battre en brèche;
Par ce moyen
Il n'aura rien,
Rien.

GENNAIO.

Sans savoir la guerre,
Par mon savoir-faire
J'espère vite
Le mettre en fuite;
Contre un vaurien
Tenons-nous bien.
Bien.

Ici je protége
Le fort qu'on assiége,
Je les empêche
De battre en brèche.
Par ce moyen
Ils n'auront rien,
Rien.

(*Odoard sort par la porte de droite sur le premier plan.*)

SCÈNE V.

GENNAIO, *puis* HECTOR.

GENNAIO, *regardant Odoard s'éloigner.*

Voyez-vous! sans la précaution que j'avais prise, en voilà un qui... (*entendant du bruit et voyant par la fenêtre du fond à droite, Hector qui enjambe sur la galerie.*) Ah! mon Dieu! voilà l'autre!

HECTOR, *sur la galerie.*

Voyez-vous cette ruse d'Odoard!... M'enfermer dans ma chambre, et croire qu'un pareil obstacle m'arrêterait!... J'ai sauté par ma fenêtre, et j'arrive par celle-ci... Voilà les chemins que j'aime... Nous disons, le vieux cloître... ce doit être ici... nº 4... c'est difficile à voir sans lumière... Mais on peut frapper... (*Il frappe successivement aux portes de la galerie.*) On ne répond pas!

GENNAIO, *à part.*

Elle m'a promis de ne pas répondre.

HECTOR.

COUPLETS.

PREMIER COUPLET.

Ouvre-moi.
Quoi! ta porte est fermée?
Quand je suis près de toi
Ne sois pas alarmée!
O ma sœur bien-aimée,
Ouvre-moi.
(*Parlé.*)
C'est plus bas sans doute!

(*Il redescend l'escalier et frappe à la porte de droite.*

DEUXIÈME COUPLET.

Ouvre-moi
Ce réduit solitaire!
D'où provient ton effroi
Quand c'est la voix d'un frère
Qui dit avec mystère :
Ouvre-moi?

HECTOR, *tâtant la porte.*

Et de clefs nulle part!... Cela m'est suspect... et quand je devrais appeler... (*Il s'avance vers la porte du fond, et rencontrant Gennaio qui cherche à s'en aller, le ramène par l'oreille.*) Qui va là?...

GENNAIO.

Moi... Gennaio!

HECTOR.

D'où viens-tu?

GENNAIO.

Je ne viens pas... J'étais là... je dormais dans ce fauteuil.

HECTOR.

Toi qui dois avoir toutes les clefs de la maison, vite, celle du n° 4!

GENNAIO, *interdit.*

Comment?...

HECTOR.

La clef de la chambre où est ma sœur... J'ai à lui parler... Cette clef, te dis-je!

GENNAIO.

Je ne l'ai plus... Ce n'est pas moi qui l'ai!

HECTOR.

Et qui donc?

GENNAIO, *troublé.*

Qui donc?... M. le marquis... Il me l'a demandée tout à l'heure, et l'a mise dans sa poche.

HECTOR.

Et tu l'as souffert?

GENNAIO.

Dam'! il n'y avait rien à dire... un mari!

HECTOR.

Un mari!... il ne l'est pas plus que toi... C'est un séducteur... un des Treize!

GENNAIO.

Lui aussi!... quelle horreur!... (*à part.*) Non, quel bonheur! ce n'est pas le mari!

HECTOR.

Et s'il t'a pris cette clef, ce n'est pas sans dessein... Il va sans doute revenir sans bruit, au milieu de la nuit... Mais je reste ici... je ne quitte pas la place!

GENNAIO.

Vous ferez bien.

HECTOR.

Et pour mieux éclairer ses projets ténébreux, va chercher de la lumière.. va vite!...

GENNAIO.

Oui, monsieur!... (*à part.*) Avoir cette clef et ne pouvoir s'en servir!... et ne pouvoir instruire Isella du complot qui la menace et moi aussi!

HECTOR, *renvoyant Gennaio.*

Mais va donc!... dépêche-toi!...

GENNAIO.

Je m'en vas.

(*Il sort par la porte du fond.*)

SCÈNE VI.

HECTOR, *seul.*

C'est que maintenant il ne s'agit plus de vaincre, mais de vaincre promptement... Onze heures viennent de sonner... nos compagnons invités par Odoard vont arriver pour être témoins d'un triomphe... Et s'ils l'étaient d'une défaite!... si je n'étais pas vainqueur... ou, ce qui est encore pire, si Odoard l'était!.. (*écoutant.*) On vient!... écoutons.

(*Il s'approche de la porte à droite qui s'ouvre; Odoard paraît tenant à la main un flambeau. Le théâtre redevient éclairé.*)

SCÈNE VII.

ODOARD, HECTOR.

FINAL.

ODOARD.

Hector!

HECTOR.

Odoard! je respire...
J'ai cru que l'on fermait cette porte... mais non.
Il est encor là!

ODOARD.

Pourrait-on
Savoir ici qui vous attire?

HECTOR.

Moi! je ne puis dormir!

ODOARD.

Ni moi non plus.

HECTOR.

Je crois
Que je serai mieux là, dans ce fauteuil.

ODOARD.

Et moi
Je pense comme vous.

(*Ils vont s'asseoir aux deux côtés opposés du théâtre.*)

DUO.

TOUS DEUX, *à haute voix.*

Bonsoir, donc! bonsoir!
Pas de mauvais rêve.
(*à part.*)
Pour peu qu'il se lève
Je pourrai le voir.
(*haut, de la voix de gens qui s'endorment.*)
Bonsoir!
(*Chacun d'eux levant la tête, à part.*)
Dort-il?
Oui! bien!

(*Ils essaient de se lever, s'entendent et se disent en même temps.*)

Plait-il?
Moi? rien.

HECTOR.

Si pour nous endormir nous chantions un refrain?
(*Il chante.*)
Pêcheur napolitain,
Déjà l'aube t'éclaire!
Sur ta barque légère
Élance-toi soudain.
(*Odoard.*)
Répétez avec moi.

ODOARD.

Non, je vous remercie.
Mais faisons mieux!

HECTOR.

Quoi donc?

ODOARD.

Une partie
De quinze!

HECTOR.

Volontiers! rien n'est plus ennuyeux,
Et l'on s'endort quand on s'ennuie.
Et les dés?

ODOARD.

Cette table en est, je crois, garnie.

(*Odoard prend les dés, les agite dans son cornet, et au moment de les rouler sur la table, il s'arrête et dit froidement à Hector:*)

Mon cher Hector!

HECTOR, *de même.*

Mon très cher Odoard!

ODOARD.

Savez-vous, à parler sans détour et sans fard,

HECTOR.

Qu'à nos propres dépens tout notre talent brille,

ODOARD.

A garder la vertu de cette jeune fille,

HECTOR.

Et que nous sommes des niais...

ODOARD.

Ah! j'allais vous le dire.

HECTOR.

Et moi, je le pensais.

ENSEMBLE.

Contre tout projet téméraire
Nous la défendons tous les deux,
Et la duègne la plus sévère
Ne la protégerait pas mieux.
O la bonne folie!
Quelle plaisanterie!
Garder fille jolie
En tuteurs amoureux!
S'ils avaient connaissance
De notre extravagance,
Nos confrères, je pense,
Riraient bien de nous deux.

HECTOR.

Allons! craignons la raillerie!
C'est trop longtemps être dupes tous deux!
Résignons-nous, faisons un seul heureux!

ODOARD.

C'est bien! voilà de la philosophie!

HECTOR, *d'un air malin, regardant Odoard.*

L'un de nous deux a la clef, je le croi.

ODOARD, *de même.*

Vous le savez tout aussi bien que moi.

HECTOR.

Trésor tout-à-fait nul...

ODOARD.

Inutile avantage...

HECTOR.

Si l'un empêche ici l'autre d'en faire usage.

ODOARD, *vivement.*

C'est très vrai! très bien calculé!

HECTOR.

Voici des dés... jouons la clef!

ODOARD.

C'est dit! le plus haut point la gagnera.

HECTOR.

Au vainqueur elle appartiendra!

(*Tous deux se sont assis et agitent leurs dés.*)

HECTOR.

Amour, que nos débats par toi soient décidés!

ODOARD.

Amour, guide ma main et dirige les dés!

HECTOR, *jouant.*

Je commence...

ODOARD, *regardant.*

A vous, cinq et quatre!
Ce n'est pas mal!

HECTOR.

O destin fortuné!

ODOARD.

Mais je suis loin de me laisser abattre...
A moi!...
(*jouant.*)
Double cinq!... j'ai gagné!

HECTOR.

C'est juste, et je serai fidèle à ma promesse...
Et, quoique je sois désolé,

Le champ d'honneur est à vous... je vous laisse...
(Il va pour sortir.)

ODOARD, *le retenant.*

Un instant, mon cher... et la clef?...

HECTOR.

Servez-vous-en, je l'abandonne!...

ODOARD.

Mais pour que je m'en serve, il faut qu'on me la donne!...

HECTOR.

De l'ironie alors qu'on est vainqueur!
C'est abuser de son bonheur!

ODOARD.

Trève, monsieur, à cette raillerie!

HECTOR.

C'est vous, monsieur, qui vous raillez de moi!

ODOARD.

De mauvais goût est la plaisanterie!

HECTOR.

Monsieur!...

ODOARD.

Monsieur! quelle mauvaise foi!

ENSEMBLE.

De cette trahison
Vous me rendrez raison!

(On entend en dehors une ritournelle de sérénade. Ils s'arrêtent et écoutent.)

(à voix basse.)
Silence! taisons-nous!
Silence! entendez-vous?

ENSEMBLE.

CHŒUR, *en dehors.*

Honneur au galant séducteur!
Chantons, célébrons son bonheur!
Digne de nous! digne des Treize!
Pour qu'il séduise et pour qu'il plaise,
Il parait et revient vainqueur!
Célébrons, chantons le vainqueur!

ODOARD *et* HECTOR, *à part, avec dépit.*

Ce sont nos amis... Quel honneur!
Ils viennent chanter mon bonheur!
Ah! quel affront! quel déshonneur!

HECTOR.

Ils viennent fêter le vainqueur!

ODOARD.

Ce n'est pas moi.

HECTOR.

Ni moi! n'importe!
N'en convenons jamais pour nous, pour notre honneur.

ODOARD.

Proclamons hardiment qu'un de nous est vainqueur.

HECTOR.

Mieux que ça... tous les deux!

ENSEMBLE, *à demi-voix.*

A leur joyeuse escorte
Nous pouvons maintenant, sans crainte, ouvrir la porte.

(Ils vont doucement ouvrir la porte du fond au moment où Gennaio entre au-dessus de leurs têtes, par la croisée du fond à droite.)

SCÈNE VIII.

LES PRÉCÉDENTS, GENNAIO, *sur l'escalier, au fond.*

GENNAIO.

Pour instruire Isella d'un complot infernal
(montrant la croisée.)
Je prends le chemin même ouvert par mon rival!

(Il ouvre la porte d'Isella et ressort aussitôt en la ramenant sur le balcon. Il lui explique par pantomime tout ce qui vient de se passer. Hector et Odoard amènent sur le théâtre leurs amis, auxquels ils viennent d'ouvrir la grande porte du fond.)

SCÈNE IX ET DERNIÈRE.

HECTOR, ODOARD, ONZE OFFICIERS, *en brillant uniforme, qui entrent; ensuite* GENNAIO *et* ISELLA.

LE CHŒUR.

Honneur au galant séducteur!
Chantons, célébrons son bonheur!
Digne de nous, digne des Treize!
Pour qu'il séduise et pour qu'il plaise,
Il parait et revient vainqueur!
Chantons, célébrons le vainqueur!

ODOARD *et* HECTOR, *s'inclinant.*

Messieurs, messieurs, c'est trop d'honneur!

HECTOR, *apercevant Gennaio et Isella qui descendent.*

Qu'ai-je vu?... Gennaio!...

ODOARD, *de même.*

Grands dieux! c'est Isella!

CHŒUR, *à part.*

Qu'ont-ils donc?

ISELLA.

Nous allons vous expliquer cela.
A l'instant on vient de m'apprendre
Que je perds à la fois mon frère et mon époux!
Et je venais vous rendre
Tout ce qu'hélas! j'avais reçu de vous.

TOUS, *à Hector et Odoard.*

Qu'est-ce donc?..

HECTOR.

Rien!...
(à Isella.)
Gardez cette dot, taisez-vous!

Soyez unis, au nom d'un frère !

ODOARD.

Et d'un époux !

LE CHŒUR.

Mais dites-nous au moins qui de vous l'emporta,
Et quel est le vainqueur ?

HECTOR *et* ODOARD, *montrant Gennaio.*

Le vainqueur ? le voilà !

CHŒUR DES TREIZE *et* PAYSANS, *qui paraissent en dehors pendant la fin de cette scène, tenant des torches à la main.*

Honneur au galant séducteur !
Chantons, célébrons, etc., etc.

(Gennaio et Isella se tenant par-dessous le bras vont faire la révérence à Hector et à Odoard; puis au milieu du théâtre ils se donnent la main, tandis qu'Hector et Odoard étendent les leurs pour les bénir.)

FIN DES TREIZE.

NOTA. La mise en scène exacte de cet ouvrage, transcrite par M. L. PALIANTI, fait partie de la collection des mises en scène publiées par le journal *la Revue et Gazette des Théâtres*, rue Sainte-Anne, 55.

IMPRIMERIE DE E. DUVERGER, RUE DE VERNEUIL, N° 4

www.ingramcontent.com/pod-product-compliance
Lightning Source LLC
LaVergne TN
LVHW061945220826
846091LV00011B/4082

9781249769064